DOMINANDOR DO MARKETING DIGITAL

O GUIA COMPLETO PARA ATRAIR E CONVERTER CLIENTES

Descrição

Transforme seu conhecimento em lucro com nosso curso exclusivo de marketing digital! Aprenda, passo a passo, as estratégias que impulsionam negócios e levam empreendedores ao topo. Se você deseja dominar o marketing digital, este curso é para você!

CONTEÚDO

Capítulo 1: Identificação do Público-Alvo

O que vamos ver:

- Como identificar seu público-alvo ideal.
- Criação de Personas
- Promoção Relâmpago

Capítulo 2: Criação de Conteúdo Valioso

O que vamos ver:

- Criação de Conteúdo Valioso
- técnicas poderosas de storytelling
- Venda Direta nos Stories

Capítulo 3: Utilizando as Redes Sociais para Atração de Clientes

O que vamos ver:

- Redes Sociais
- Redes Sociais para Link Direto e Fácil Acesso
- engajamento pago

Capítulo 6: Ofertas Irresistíveis – Como Converter Visitantes em Clientes

O que vamos ver:

- Como Converter Visitantes em Clientes
- Gatilhos Psicológicos

Capítulo 7: Prova Social e Depoimentos – O Poder da Confiança

O que vamos ver:

- O Poder da Confiança
- Prova Social com Destaque
- Destaque

Capítulo 8: Parcerias Estratégicas e Colaborações

O que vamos ver:

- Parcerias Estratégicas e Colaborações
- Parceria de Sucesso

Capítulo 9: Automação de Marketing – Atraia Clientes no Piloto Automático

O que vamos ver:

- Atraia Clientes no Piloto Automático
- Piloto Automático

CONCLUSÃO

AGRADECIMENTO

Introdução

Seja bem-vindo ao "Dominador do Marketing Digital: Como Atrair Clientes de Forma Eficaz"! Aqui, vamos explorar as estratégias mais poderosas e práticas para atrair clientes no universo digital. A concorrência online cresce a cada dia, e conquistar a atenção do seu público-alvo é um verdadeiro desafio. Mas com as táticas certas, você pode não só atrair novos clientes, como também idealiza-los, criando uma base sólida para o crescimento do seu negócio. Este ebook é um guia prático, passo a passo, para você começar a implementar agora mesmo. Está pronto para dominar o marketing digital e transformar seu público em clientes fiéis?

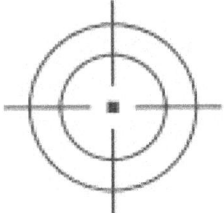

Capítulo 1

Identificação do Público-Alvo

Identificação do Público-Alvo

Antes de começar a atrair clientes, é fundamental saber quem são eles. Identificar seu público-alvo é o ponto de partida de qualquer estratégia de marketing eficaz. Neste capítulo, você vai aprender como criar personas, que são representações fictícias de seus clientes ideais. Isso envolve analisar dados demográficos, comportamentos, dores e desejos. Saber quem é seu público facilita a criação de mensagens personalizadas que realmente ressoam com as necessidades deles. Ao entender profundamente quem você está tentando atingir, fica muito mais fácil captar sua atenção e atraí-los para seu negócio.

Criação de Personas

Hoje, vamos falar sobre um dos pilares fundamentais de qualquer estratégia de marketing digital: **a criação de personas**. Elas são representações fictícias dos seus clientes ideais, construídas com base em dados reais e insights sobre o comportamento, motivações, e desafios do seu público-alvo. No roteiro de hoje, vamos explorar como criar personas poderosas que ajudam a guiar suas campanhas para atrair o público certo.

Vamos começar com o primeiro passo para criar sua persona: **Identificação de Dados Demográficos**. Pergunte-se: "Quem é meu cliente ideal?" A resposta envolve detalhes como faixa etária, localização, gênero, ocupação e até nível de renda. Imagine Maria, uma empresária de 35 anos, moradora de São Paulo, que busca formas de expandir seu negócio digital. Maria é a nossa persona principal, e a partir dela, podemos começar a moldar nossas estratégias.

Agora, no segundo passo, vamos mais a fundo, focando nos **Objetivos e Desafios** dessa persona. Maria quer automatizar o marketing do seu negócio para escalar suas vendas, mas ela enfrenta desafios tecnológicos e de tempo. Ela precisa de soluções práticas e rápidas, que tragam resultados sem complicar sua rotina.

O terceiro passo é entender as **Objeções e Motivações** da persona. Maria pode hesitar em investir em novos softwares, por medo de não conseguir aprender a utilizá-los. Mas, ao mesmo tempo, ela é motivada pela promessa de mais tempo livre e mais lucro. Identificar essas barreiras é crucial para alinhar sua comunicação com as soluções que você oferece.

Por fim, o último passo: **Canais Preferidos de Comunicação.** Como Maria consome conteúdo? Ela é ativa no Instagram, consome vídeos no YouTube e participa de webinars. Usar esses canais para alcançar Maria de forma eficiente é o que vai gerar conexão e engajamento.

Por isso surgi as promoções através desses canais.

Promoção Relâmpago

- **Título da Promoção:** " Oferta Relâmpago! Só Hoje: 50% OFF no Curso [**Nome do Curso**]"
- **Data:** Defina o prazo para 24 horas, deixando claro que a promoção termina no fim do dia ou até acabar o número limitado de vagas.
- **Gatilhos Mentais:** Use nas legendas dos posts e stories palavras como **"Vagas limitadas",** "Última chance", "Não perca", "Só restam 10 vagas". Isso cria uma sensação de urgência para que o público tome a decisão de comprar rapidamente.

Capítulo 2

Criação de Conteúdo Valioso

Criação de Conteúdo Valioso

No marketing digital, o conteúdo é rei. Mas não basta criar qualquer conteúdo; é preciso gerar valor para seu público. Este capítulo ensina como desenvolver conteúdo que atraia e engaje sua audiência. Vamos abordar técnicas de storytelling, criação de blog posts, vídeos, podcasts e infográficos que resolvam problemas reais do seu público. Além disso, exploraremos como usar SEO (Search Engine Optimization) para garantir que seu conteúdo seja encontrado facilmente nos mecanismos de busca, atraindo um fluxo contínuo de novos visitantes para o seu site ou perfil nas redes sociais.

técnicas poderosas de storytelling

O storytelling é uma das formas mais eficazes de engajar, pois cria uma conexão emocional com a audiência, tornando suas mensagens mais memoráveis e impactantes. Para isso, você pode seguir algumas estruturas narrativas que vão elevar a qualidade dos seus roteiros e impulsionar o engajamento

EXEMPLOS:

A primeira técnica é o **Herói com uma Jornada**, onde o público se identifica com o personagem principal (pode ser você ou uma persona). No início da história, apresente um problema comum, algo com o qual seu público também esteja lidando. Vamos usar o exemplo de João, um jovem empreendedor que está lutando para encontrar seu caminho no mundo dos negócios digitais. Você apresenta os desafios de João e, ao longo do vídeo, mostra como ele encontra uma solução – no caso, a sua oferta ou serviço – e, finalmente, como sua vida mudou com isso.

Outra técnica importante é o **Gatilho Emocional**. Toda boa história precisa gerar uma resposta emocional: alegria, medo, surpresa, admiração. Um jeito de fazer isso é usar uma narrativa envolvente e criar situações com as quais o público possa simpatizar. Por exemplo, comece o vídeo com uma pergunta intrigante: "Você já sentiu que, mesmo se esforçando ao máximo, ainda não consegue os resultados que merece?". Esse tipo de pergunta cria um vínculo imediato e ativa a curiosidade, pois a audiência quer saber como resolver essa situação.

Uma técnica muito eficaz é a **Tensão e Resolução**, onde você cria um problema crescente que leva à solução no clímax da história. Funciona muito bem para prender a atenção do público até o fim. Suponha que você está falando sobre as dificuldades de alcançar engajamento nas redes sociais. Mostre o problema crescendo: "Você investe tempo, cria conteúdos, mas o alcance está sempre caindo...". A tensão vai aumentando até o ponto onde você revela a solução: "Mas o que você não sabia é que existe uma estratégia simples para reverter isso rapidamente." Isso mantém o espectador conectado ao vídeo para descobrir o segredo.

Agora, falemos sobre o uso da **Regra do 3**. Em muitos roteiros eficazes, as histórias são estruturadas em três atos: começo, meio e fim. No começo, apresente o problema. No meio, mostre as tentativas de solução. E, no fim, traga o desfecho, onde a solução é revelada e o personagem ou situação chega à transformação. Essa técnica organiza a história de maneira clara e faz com que o público fique engajado, esperando pela conclusão.

Por fim, a **técnica de Personificação** pode ser muito útil. Em vez de falar diretamente sobre um produto ou serviço, transforme-os em personagens da sua história. Se você está promovendo uma ferramenta de marketing, por exemplo, trate-a como "o parceiro que nunca te abandona, que trabalha 24 horas por dia para garantir que seus resultados estejam sempre crescendo." Isso dá vida ao conceito e faz o público imaginar o produto como parte integrante do seu sucesso.

Essas **técnicas de storytelling** não apenas prendem a atenção, mas também geram conexão emocional e engajamento duradouro. Através dessas técnicas você já pode aprende a vender diretamente dos Stores.

Venda Direta nos Stories

- **Story 1:** Apresente a oferta relâmpago com o título destacado. Use textos como: "Só hoje, 50% OFF no curso que vai mudar sua carreira!"
- **Story 2:** Descreva rapidamente o que o público vai aprender no curso e os benefícios claros que obterão (foco em resultados concretos).
- **Story 3:** Insira depoimentos ou capturas de tela de alunos que já tiveram sucesso com o curso, adicionando um CTA forte: "Quer saber mais? Arraste para cima e aproveite o desconto exclusivo!"

Story 4: Reforce a urgência: "Essa oferta termina hoje à meia-noite. Não perca sua chance!" Adicione a caixa de perguntas para interação direta: "Tem dúvidas? Pergunte aqui!"

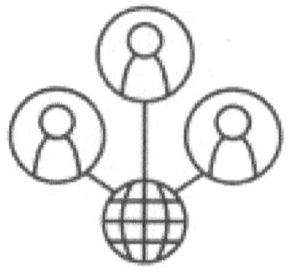

Capítulo 3

Utilizando as Redes Sociais para Atração de Clientes

Redes Sociais

As redes sociais são ferramentas poderosas para atrair clientes, mas saber como usá-las de forma estratégica é essencial. Neste capítulo, você vai aprender a construir uma presença digital forte no Instagram, Facebook, TikTok e LinkedIn. Vamos explorar como criar conteúdo que gere engajamento, como interagir com seu público de maneira autêntica e como utilizar anúncios pagos para ampliar seu alcance. Também veremos como usar gatilhos mentais e o poder das histórias para despertar o interesse do seu público e levá-lo a agir.

Redes Sociais para Link Direto e Fácil Acesso

Coloque um link direto na sua bio para a página de pagamento, eliminando etapas que possam gerar desistência. Se possível, configure uma página de checkout simplificada para que os interessados possam adquirir o curso em poucos cliques.

- Dica: Se tiver alguma automação, insira um código de desconto configurado apenas para o período da promoção

engajamento pago

O engajamento pago é a solução para acelerar esse processo, conquistando mais curtidas, comentários, compartilhamentos e seguidores de forma rápida e direcionada. Vamos entender como funciona e, mais importante, como usar essa estratégia de maneira eficaz.

Primeiro ponto: o que é o engajamento pago? Diferente dos anúncios tradicionais, onde o foco é em vendas ou tráfego, o engajamento pago tem como objetivo aumentar a interação com suas publicações.

. Isso inclui promover curtidas, comentários, reações e até mesmo compartilhamentos. Em plataformas como Facebook, Instagram e TikTok, você pode criar campanhas específicas para aumentar o engajamento em um post, seja ele um vídeo, uma foto ou um artigo. Esse tipo de estratégia é extremamente útil para **dar mais visibilidade ao seu conteúdo** e criar provas sociais, fazendo com que mais pessoas se interessem pelo que você tem a dizer.

Agora, por que isso é importante? **O algoritmo das redes sociais** é baseado em engajamento. Quanto mais interações suas publicações recebem, mais essas plataformas vão entender que seu conteúdo é relevante e mostrarão para uma audiência maior.

Isso significa que investir em engajamento pago pode ser a alavanca para **aumentar o alcance orgânico** de suas publicações, já que posts com mais curtidas e comentários tendem a ser distribuídos para mais pessoas de forma natural. É um ciclo: mais engajamento pago gera mais engajamento orgânico, criando um efeito de bola de neve. Para que sua estratégia de engajamento pago funcione de verdade, é essencial definir **o público certo.** Não adianta pagar por curtidas de pessoas que não têm nenhum interesse no seu conteúdo.

Não adianta pagar por curtidas de pessoas que não têm nenhum interesse no seu conteúdo. As plataformas oferecem diversas opções de segmentação, permitindo que você escolha exatamente quem vai ver seus posts: faixa etária, localização, interesses, e até comportamentos específicos. Se você vende produtos de fitness, por exemplo, pode direcionar suas campanhas para pessoas interessadas em saúde e bem-estar, academia e esportes. Isso garante que as interações que você está comprando são genuínas e têm maior potencial de conversão futura.

Outro ponto importante é escolher **quais conteúdos promover.** Nem toda publicação é ideal para uma campanha de engajamento pago.

Foque em conteúdos que já estão recebendo alguma tração orgânica ou que tenham uma mensagem forte e clara. Isso pode ser um vídeo inspirador, uma oferta especial, ou um post que esteja gerando bastante discussão. Conteúdos que convidam o público a interagir, como perguntas, enquetes ou desafios, costumam ter ainda mais sucesso quando promovidos com engajamento pago. Quanto mais **interativo for o seu conteúdo**, maior será o retorno sobre o investimento.

E falando em retorno, vamos falar sobre **análise de resultados.** Não basta apenas pagar por engajamento e esperar os resultados chegarem.

As plataformas de anúncios fornecem relatórios detalhados, mostrando quantas interações foram geradas, qual foi o custo por engajamento e, mais importante, qual foi o impacto no alcance e na visibilidade do seu perfil. Use essas informações para otimizar suas campanhas e melhorar os resultados a cada nova tentativa.

Agora, uma dica importante: **não exagere no uso do engajamento pago**. Embora seja uma ferramenta poderosa, ela deve ser usada estrategicamente. Se o seu perfil ou página depender exclusivamente de engajamento pago, o público pode perceber que suas interações não são orgânicas e genuínas.

O segredo é encontrar o equilíbrio: use o engajamento pago para dar um empurrão **inicial** nas suas publicações, mas sempre complemente com estratégias de engajamento orgânico, como interagir diretamente com seus seguidores, responder a comentários e criar conteúdos que realmente agreguem valor.

Por fim, vale lembrar que o engajamento pago deve ser visto como um **investimento de longo prazo.** Aumentar curtidas e comentários é importante, mas o verdadeiro valor está em transformar essas interações em relacionamentos duradouros com seus seguidores.

Quanto mais você consegue engajar seu público e criar uma comunidade ativa, maiores serão suas chances de sucesso.

Seguindo essas dicas, você pode usar o engajamento pago de forma estratégica para **impulsionar suas redes sociais,** alcançar mais pessoas e transformar curtidas em oportunidades reais para o seu negócio.

Capítulo 4

E-mail Marketing para Atração e Nutrição de Leads

E-mail Marketing para Leads

O e-mail marketing continua sendo uma das ferramentas mais eficazes para atrair e converter clientes. Mas o segredo está em construir uma lista qualificada e nutrir essa audiência de forma adequada. Neste capítulo, você vai aprender como criar campanhas de e-mail que realmente funcionam, desde a captação de leads até a segmentação e personalização de mensagens. Descubra como utilizar o e-mail marketing como uma máquina de vendas, levando seus leads a percorrerem todo o funil de vendas, desde o interesse inicial até a compra.

Converter com Automação

Configure uma automação no Direct usando bots ou ferramentas como ManyChat. Assim que alguém interagir com seus stories ou te seguir, envie uma mensagem automática com um CTA imediato para a compra:

- **Exemplo de mensagem automática:** "Olá, vi que você se interessou no nosso conteúdo! Hoje temos uma oferta exclusiva para o nosso curso, com 50% de desconto. A promoção vai até meia-noite! Clique no link da bio para garantir sua vaga."

- Se não puder automatizar, use a função de enviar mensagens em massa para seguidores que interagem frequentemente com seu conteúdo. Envie uma mensagem personalizada e curta, com um link direto para a página de pagamento.

Campanhas de E-mail Marketing

Se você acha que e-mail é coisa do passado, pense de novo! Bem-feitas, as campanhas de e-mail são uma das maneiras mais eficazes de se comunicar diretamente com o seu público, construir relacionamento e, claro, gerar vendas. Mas, para isso, você precisa seguir algumas estratégias que realmente capturam a atenção e geram ação. Vamos explorar o passo a passo para criar campanhas de e-mail que convertem.

O primeiro passo é criar uma **base de contatos qualificada.** De nada adianta mandar e-mails para um monte de gente que não tem interesse no seu produto ou serviço. Por isso, o segredo está em construir uma lista de e-mails com pessoas que realmente querem ouvir de você. Isso pode ser feito oferecendo algo de valor em troca do contato, como um e-book gratuito, um desconto exclusivo, ou um webinar. Quanto mais segmentada for a sua lista, maiores serão suas chances de sucesso. Imagine que você está enviando e-mails para pessoas que já demonstraram interesse pelo que você oferece. O nível de engajamento será muito maior!

Agora que você tem a sua lista, é hora de falar sobre **o assunto do e-mail.** Esse é o primeiro ponto de contato que o destinatário terá com sua campanha, então ele precisa ser irresistível. Um bom assunto de e-mail desperta curiosidade e promete valor. Ele deve ser curto, direto e intrigante. Algo como "Descubra o segredo para dobrar suas vendas em 7 dias" ou "Você está perdendo essa oportunidade exclusiva?". Evite frases genéricas e foque em criar uma sensação de urgência ou exclusividade. Lembre-se: se o assunto não for bom, seu e-mail nem será aberto.

O próximo ponto é o **conteúdo do e-mail**. Aqui, menos é mais. Seu e-mail deve ser claro e objetivo, sempre focado no que o leitor vai ganhar ao agir. Ao criar o corpo do e-mail, **use uma linguagem direta** e que converse com o seu público. Segmente suas mensagens para que elas sejam o mais relevantes possível. Se você está enviando uma oferta, destaque o valor do que está sendo oferecido e explique como aquilo resolve um problema específico do seu público. Não se esqueça de incluir **chamadas para ação** (CTAs) claras, como "Clique aqui para garantir seu desconto" ou "Baixe agora o seu guia gratuito"

Uma técnica **poderosa é a personalização.** Hoje em dia, ninguém quer receber um e-mail genérico. Use o nome do destinatário e crie mensagens que pareçam escritas especialmente para ele. Muitas plataformas de e-mail marketing permitem automatizar esse processo, personalizando o conteúdo com base em dados como comportamento de compra ou interações anteriores com sua marca. Por exemplo: "João, temos uma oferta exclusiva para você!" soa muito mais convidativo do que uma mensagem impessoal. A personalização gera conexão e aumenta as chances de conversão.

Falando em métricas, é fundamental acompanhar **os resultados da sua campanha.** As plataformas de e-mail marketing oferecem dados sobre taxas de abertura, cliques, descadastros e conversões. Analise esses números regularmente para entender o que está funcionando e o que precisa ser ajustado. Se você perceber que poucos estão abrindo seus e-mails, pode ser hora de testar novos assuntos ou melhorar a segmentação. Se a taxa de cliques está baixa, talvez seus CTAs não estejam claros o suficiente.

Por fim, não se esqueça da **frequência**. Enviar muitos e-mails pode acabar saturando sua lista e levando a descadastros, mas enviar poucos pode fazer com que você seja esquecido. A chave é encontrar um equilíbrio, mantendo uma comunicação constante, mas não invasiva. Crie um cronograma de envios e teste para descobrir o que funciona melhor para o seu público.

Seguindo essas dicas, você estará no caminho certo para criar campanhas de e-mail que não só geram engajamento, mas também conversões reais.

Capítulo 5

Estratégias de Anúncios Pagos que Geram Resultados

Estratégias de Anúncios Pagos que Geram Resultados

Anúncios pagos são uma maneira rápida de atrair clientes, mas é preciso saber onde investir e como criar campanhas eficazes. Aqui, você aprenderá a utilizar Google Ads, Facebook Ads e Instagram Ads para alcançar o público certo. Abordaremos tópicos como segmentação de audiência, definição de objetivos e criação de anúncios irresistíveis. Além disso, falaremos sobre marketing, uma estratégia essencial para reengajar visitantes que ainda não se converteram em clientes.

Anúncios Pagos

Quando usados corretamente, os anúncios pagos são uma ferramenta poderosa para colocar sua marca na frente de milhares – ou até milhões – de pessoas que talvez nunca tivessem te encontrado de outra forma. Se você quer escalar seu negócio e aumentar suas vendas, os anúncios pagos podem ser o atalho que você estava procurando.

Primeiro ponto importante: por que utilizar anúncios pagos? A resposta é simples: eles oferecem **alavancagem**. Em vez de esperar que o público chegue organicamente, você está basicamente comprando visibilidade, garantindo que suas mensagens sejam exibidas para as pessoas certas, no momento certo.

Imagine ter o controle sobre quantas pessoas vão ver seu conteúdo e poder segmentar exatamente quem é o seu público-alvo. Com anúncios pagos, você deixa de depender exclusivamente do algoritmo e assume as rédeas do seu próprio alcance.

Agora, como começar? O passo número um é **definir o seu objetivo.** Você quer gerar mais tráfego para o seu site? Conseguir leads qualificados? Aumentar as vendas de um produto específico? Definir um objetivo claro vai te ajudar a escolher o tipo de campanha certa e a formatar sua mensagem de forma mais eficaz.

Para quem está começando, uma campanha de reconhecimento pode ser ideal para aumentar a visibilidade da marca. Já quem busca conversões diretas, os anúncios focados em vendas são a melhor opção.

O próximo passo é a **segmentação de público**. Uma das maiores vantagens dos anúncios pagos é a capacidade de segmentar exatamente quem você quer atingir. Plataformas como Facebook Ads, Instagram Ads e Google Ads permitem que você selecione seu público com base em uma série de critérios, como idade, localização, interesses, comportamento de compra, e até mesmo os conteúdos que essas pessoas consomem online.

Quanto mais você conhece sua audiência, mais eficaz será o seu anúncio. Por exemplo, se você vende produtos para mães jovens, pode segmentar seu anúncio para mulheres entre 25 e 35 anos, que estão grávidas ou têm filhos pequenos, e que já seguem páginas de maternidade.

Agora, falemos sobre **o poder do teste A/B**. Um dos segredos do sucesso com anúncios pagos é testar diferentes versões do seu criativo. Isso significa criar variações do seu anúncio com imagens, textos ou vídeos diferentes e observar qual deles gera mais cliques, conversões ou engajamento.

Outro ponto crucial é o **controle de orçamento**. Muita gente tem medo de investir em anúncios pagos porque acha que vai gastar muito dinheiro. Mas a verdade é que você pode começar com qualquer valor que caiba no seu bolso. Plataformas como Facebook Ads e Google Ads permitem que você configure o seu orçamento diário, garantindo que você não gaste mais do que planejou. Com um orçamento bem controlado e uma boa segmentação, é possível obter resultados sólidos mesmo com valores menores.

Finalmente, **o retorno sobre o investimento** (ROI). Ao criar anúncios pagos, sempre tenha em mente o seu objetivo principal: gerar retorno. Acompanhe as métricas da campanha para avaliar o desempenho e calcular o quanto você está ganhando em relação ao que foi investido. Ferramentas de análise das plataformas publicitárias te permitem ver quem clicou no seu anúncio, quantas conversões você teve e até qual foi o custo por conversão.

Isso te dá uma visão clara do que está funcionando e o que precisa ser ajustado.

Com essas dicas, você estará preparado para usar anúncios pagos de forma estratégica e ampliará o alcance da sua marca, alcançando novos públicos e potencializando suas vendas. Por isso o corre os post carrossel.

Post de Carrossel com Oferta

Imediatamente, faça um post de carrossel que mostre as vantagens e benefícios do curso, utilizando imagens claras e uma legenda persuasiva.

- **Slide 1:** Mostre o problema que seu curso resolve ("Você quer aprender a [solução que seu curso oferece]?")

- **Slide 2:** Descreva como seu curso é a solução ideal ("Com o curso [nome do curso], você vai aprender a [resultado concreto]."

- **Slide 3:** Reforce a oferta relâmpago ("Só hoje: 50% OFF! Aproveite!")

- **Slide 4:** Acrescente um depoimento real ou estatística de sucesso dos alunos.

- **Slide 5:** CTA direto: "Garanta sua vaga! Link na bio.

Capítulo 6

Ofertas Irresistíveis
Como Converter Visitantes em Clientes

Como Converter Visitantes em Clientes

Atrair clientes é apenas parte do processo; convertê-los é o verdadeiro objetivo. Este capítulo vai te ensinar a criar ofertas irresistíveis, que façam com que seu público não possa dizer "não". Vamos explorar o uso de gatilhos psicológicos, como escassez e urgência, e a criação de bônus e vantagens exclusivas que aumentam o valor percebido. Aprenderemos também a importância de criar uma experiência de compra fluida e sem fricções, para garantir que o cliente tenha uma jornada agradável até a conversão final.

Gatilhos Psicológicos

Mais especificamente, vamos focar em dois dos gatilhos mais poderosos: **escassez** e **urgência.** Quando bem aplicados, esses gatilhos ativam respostas emocionais profundas no cérebro do consumidor, levando-o a tomar decisões mais rápidas e assertivas. Se você está em busca de estratégias eficazes para maximizar seus resultados, fique atento, porque esses dois gatilhos são verdadeiros game changers.

Vamos começar falando sobre **o gatilho da escassez**. A escassez ocorre quando algo é percebido como limitado ou raro. Psicologicamente, as pessoas tendem a valorizar mais aquilo que é escasso, pois o medo de perder uma oportunidade gera uma necessidade de agir rápido. Esse princípio é utilizado há décadas no marketing, e você provavelmente já viu isso em frases como "Últimas unidades disponíveis" ou "Estoque limitado".

O truque aqui é **criar a percepção de que o produto ou serviço está acabando**, e se o consumidor não agir logo, ele vai perder a chance de adquiri-lo. Isso desperta um sentimento de urgência e empurra as pessoas a tomar decisões mais rápidas.

Agora, vamos falar sobre como aplicar a urgência, outro gatilho poderoso. A **urgência** está diretamente relacionada ao **tempo**.

O simples fato de adicionar um limite de tempo para a oferta cria uma pressão no consumidor para agir imediatamente.

Ofertas como "Promoção válida apenas nas próximas 24 horas" ou **"Desconto exclusivo até meia-noite" são exemplos clássicos de como a urgência pode acelerar decisões de compra. Esse sentimento de que "o tempo está acabando"** força as pessoas a priorizarem aquela ação, pois elas têm medo de perder uma oportunidade única. A chave é usar a urgência de forma autêntica, garantindo que o consumidor sinta que essa é, de fato, uma oportunidade que não pode ser desperdiçada.

Agora imagine combinando **escassez** com **urgência.** Essa dupla de gatilhos é extremamente eficaz porque une o sentimento de limitação (escassez) com a pressão do tempo (urgência). Por exemplo, se você está lançando um produto e diz que só tem 50 unidades disponíveis e a oferta expira em 48 horas, você está utilizando tanto a escassez quanto a urgência para criar um senso de necessidade quase irresistível. A combinação desses dois gatilhos faz com que o consumidor sinta que, se não agir naquele momento, ele não só vai perder o desconto, como também corre o risco de o produto esgotar.

O uso de prova social também pode ser um excelente complemento para escassez e urgência. Mostre que outras pessoas estão comprando ou reservando o produto, indicando que ele está em alta demanda.

EXEMPLOS:

- **Passo 1:** Envie uma mensagem para 3 a 5 micro influenciadores que tenham o mesmo público que você.
- **Passo 2:** Peça para que eles façam stories ou posts promovendo sua oferta relâmpago, com o desconto exclusivo e CTA claro. Como o período da promoção é curto, será mais fácil conseguir que eles aceitem a parceria rapidamente.

Capítulo 7

Prova Social e Depoimentos
O Poder da Confiança

O Poder da Confiança

Uma das melhores formas de atrair novos clientes é mostrar que outros já confiaram em você. Neste capítulo, abordaremos o conceito de prova social e como você pode usar depoimentos, avaliações e casos de sucesso para construir autoridade e atrair ainda mais clientes. Vamos ensinar como solicitar depoimentos de maneira estratégica e como exibi-los em seus canais digitais para aumentar a confiança de novos visitantes.

Provas Sociais como Destaque

Organize seus destaques para incluir uma série de provas sociais, com depoimentos de alunos que já fizeram o curso e obtiveram resultados positivos. Isso aumenta a confiança do público na oferta.

- **Destaques:** Crie um destaque chamado "Ofertas" ou "Depoimentos" onde você insere os prints de mensagens e feedbacks dos alunos, reforçando o valor do seu curso. Isso gera credibilidade e pode fazer a diferença para alguém que está indeciso.

Destaque

são uma maneira de **organizar e fixar suas Stories** mais importantes diretamente no seu perfil, **criando um portfólio visual permanente** das informações e conteúdos mais relevantes da sua marca.

Imagine os Destaques como vitrines virtuais onde você pode exibir seus melhores momentos, produtos, depoimentos de clientes, promoções e até mesmo tutoriais. Eles são extremamente úteis para captar a atenção dos novos visitantes, já que são posicionados em um local de destaque no perfil.

Além disso, os Destaques permitem que seu público **revisite conteúdos que desaparecem** normalmente após 24 horas, garantindo que informações importantes fiquem acessíveis o tempo todo.

Você pode categorizar seus Destaques para otimizar a navegação e criar uma **experiência fluida e organizada** para o visitante. Por exemplo, crie um Destaque para **testemunhos de clientes**, outro para **lançamentos de produtos** e outro para **dicas e tutoriais.**

Capítulo 8

Parcerias Estratégicas e Colaborações

Parcerias Estratégicas e Colaborações

Atração de clientes não precisa ser uma tarefa solitária. Parcerias estratégicas podem alavancar sua marca e atrair novos públicos. Aqui, vamos explorar como identificar potenciais parceiros, seja influenciadores digitais ou outras marcas, e como criar colaborações que beneficiem ambas as partes. Além disso, você aprenderá como esses relacionamentos podem gerar exposição e autoridade, trazendo mais tráfego e potenciais clientes para o seu negócio.

São alianças entre empresas ou indivíduos com objetivos comuns para ampliação de alcance e geração de valor mútuo. Ao unir forças com influenciadores, marcas ou especialistas, você potencializa resultados, aumenta visibilidade e conquista novos públicos.

Parceria de Sucesso

Não adianta só procurar por grandes números, como seguidores ou curtidas. O mais importante é a compatibilidade entre a sua audiência e a do seu parceiro. Pergunte-se: o público deles vai se interessar pelo meu produto ou serviço? Se a resposta for sim, esse é um ótimo sinal de que a parceria pode funcionar. Além disso, busque influenciadores ou marcas que compartilhem dos mesmos valores que você, pois isso facilita a criação de uma comunicação autêntica e integrada.

Para encontrar esses parceiros, comece **analisando seu próprio nicho**. Quem são as vozes influentes? Quais marcas ou pessoas têm o poder de influenciar a decisão de compra do seu público? Aqui, ferramentas de análise de influenciadores podem ajudar muito, mas uma pesquisa manual nas redes sociais também funciona. Por exemplo, veja quem o seu público já segue e interage, e faça uma lista desses influenciadores ou marcas.

Também vale a pena ficar atento a **micro-influenciadores**, aqueles com menos seguidores, mas que possuem uma audiência altamente engajada e que confia nas recomendações deles. Agora, **como abordar essas pessoas ou marcas de forma estratégica**? O segredo está em **oferecer algo de valor.** Não chegue simplesmente pedindo ajuda ou divulgação. Mostre como a colaboração será benéfica para ambos os lados. Se você está abordando um influenciador digital, por exemplo, ofereça algo que agregue valor para o conteúdo que ele já produz.

Quando ambos os lados têm algo a ganhar, as chances de uma **parceria bem-sucedida** aumentam drasticamente.

E quando se trata de colaborar com outras marcas, o valor compartilhado também é a chave. Vamos supor que você tem uma marca de moda e quer fazer uma parceria com uma marca de cosméticos. Como vocês podem se complementar? Talvez uma campanha cruzada onde ambas as marcas ofereçam produtos em conjunto para o mesmo público-alvo, ou um evento **colaborativo onde os seguidores** de ambas as marcas possam participar.

Capítulo 9

Automação de Marketing
Atraia Clientes no Piloto Automático

Atraia Clientes no Piloto Automático

A automação de marketing permite atrair e nutrir clientes de maneira mais eficiente, economizando tempo e aumentando suas chances de sucesso. Neste capítulo, você aprenderá a implementar ferramentas de automação, como CRM e plataformas de e-mail marketing, para criar sequências automáticas que atraem e convertem clientes de forma consistente. Vamos discutir as melhores práticas para configurar automações de maneira inteligente, personalizando o contato com cada lead, sem que você precise estar envolvido manualmente em todas as interações.

Atraia Clientes no Piloto Automático é uma estratégia de marketing que utiliza a automação para captar, engajar e converter clientes de forma contínua, sem a necessidade de intervenções manuais frequentes. Através de ferramentas como funis de vendas automatizados, e-mails segmentados e campanhas personalizadas, você pode acompanhar seus leads em cada etapa da jornada de compra, entregando conteúdo relevante e direcionado no momento certo. Essa abordagem permite que seu negócio opere 24 horas por dia, maximizando o alcance e a eficiência sem esforço adicional.

A automação otimiza o tempo, liberando-o para focar em decisões estratégicas, enquanto o sistema cuida da nutrição de clientes potenciais, guiando-os até a conversão de forma natural e personalizada. Com a estratégia de "piloto automático", você mantém um fluxo constante de novos clientes, aumentando suas vendas e a retenção, ao mesmo tempo em que reduz o trabalho operacional necessário para gerenciar o processo manualmente.

Piloto Automático

marketing digital é uma estratégia que permite automatizar processos importantes, como **vendas, atendimento e campanhas de e-mail**, para que seu negócio funcione 24 horas por dia, sem a necessidade de intervenção constante. Utilizando ferramentas como **funis de vendas automáticos, chatbots inteligentes e campanhas de e-mail programadas**, você consegue otimizar tempo, melhorar a experiência do cliente e aumentar suas conversões. A grande vantagem é que, com tudo rodando de forma automática, seu negócio pode crescer e escalar sem comprometer a qualidade e sem exigir mais da sua equipe.

Implementar o **Piloto Automático** no seu negócio vai além de simplificar processos — trata-se de garantir que sua empresa esteja sempre ativa, gerando resultados e entregando valor, mesmo quando você não está no comando direto. Ao automatizar tarefas-chave e otimizar sua operação, você não só ganha tempo, mas também aumenta a **eficiência e a lucratividade.** Quer transformar seu negócio em uma máquina que nunca para? Então comece agora a colocar seu **Piloto Automático em ação!**

Conclusão

Essas estratégias foca em gerar um senso de urgência imediato, utilizando o poder dos stories, gatilhos mentais e prova social. O engajamento ativo, combinado com a automação, ajudará a converter seu público rapidamente, sem que você precise aparecer ou gastar com anúncios. Lembre-se de acompanhar de perto as interações e ajustar a comunicação para aproveitar ao máximo o período da oferta.

Agradecimento

Acredite, o fato de você estar aqui, se aprofundando nesse tema, já mostra o seu compromisso com o sucesso. Lembre-se de que o marketing digital é uma ferramenta poderosa quando bem utilizada, e você, agora com esse conhecimento, tem tudo o que precisa para transformar o seu negócio, atrair clientes e alcançar seus objetivos.

Por fim, reforço o meu agradecimento pela sua confiança e a todos que de alguma forma contribuíram para a realização desse E-book, desejo muito sucesso nessa caminhada. Estou à disposição para continuar contribuindo com seu crescimento e aprendizado.

Um grande abraço e até a próxima conquista!"

NIL BARBOSA

www.ingramcontent.com/pod-product-compliance
Lightning Source LLC
Chambersburg PA
CBHW070352230526
45471CB00006B/2539